有声伴读

笔尖上的中国——

国学篇

中国歇后语故事

耿雨◎编绘

吉林文史出版社

图书在版编目 (CIP) 数据

中国歇后语故事 / 耿雨编绘 . -- 长春 : 吉林文史
出版社 , 2022.5
（笔尖上的中国 . 国学篇）
ISBN 978-7-5472-8492-6

Ⅰ . ①中… Ⅱ . ①耿… Ⅲ . ①汉语－歇后语－儿童读
物 Ⅳ . ① H136.3-49

中国版本图书馆 CIP 数据核字 (2022) 第 068821 号

中国歇后语故事
ZHONGGUO XIEHOUYU GUSHI

作　者　耿 雨 编绘
责任编辑　宋昀浠
封面设计　太阳雨工作室
出版发行　吉林文史出版社
地　　址　长春市福祉大路 5788 号
网　　址　www.jlws.com.cn
开　　本　787mm × 1092 mm 1/12
印　　张　6
字　　数　75 千字
印　　刷　德富泰（唐山）印务有限公司
版　　次　2022 年 5 月第 1 版
印　　次　2022 年 5 月第 1 次印刷
书　　号　ISBN 978-7-5472-8492-6
定　　价　128.00 元

目录

历史上的包拯以直言进谏而闻名，曾担任过龙图阁直学士，因此被称为"包龙图"。

后世，人们将包拯的许多事迹改编为小说和戏剧，如京剧戏目《铡美案》。

包公断案——铁面无私

宋朝时，有一个官员名叫包拯，他在家乡当官时，其亲朋故旧都以为可得其庇护，干了不少仗势欺人的不法之事。包拯决心大义灭亲，以儆效尤。当时他的舅舅犯法，他在公堂上将其依法责挞一顿，自此以后，亲旧皆屏息收敛，再不敢胡作非为。

包拯深受百姓的爱戴，人们都将他尊称为"包公""包青天"。

　　诸葛亮是三国时期蜀汉丞相，中国古代杰出的政治家、军事家、文学家、发明家，被民间视作智慧的化身。

周瑜是东汉末年的江东名将，曾在赤壁之战中击败曹操。

草船借箭——满载而归

刘备与孙权结盟对抗曹操，诸葛亮作为刘备的谋士，足智多谋，被孙权的大将周瑜看在眼中，他将诸葛亮视作威胁。

周瑜请诸葛亮十天造出十万支箭，诸葛亮却表示他只需要三天。诸葛亮找来鲁肃帮忙，趁着大雾带着载满草人的船只来到曹军寨外，曹操让士兵们放箭，箭支扎在草人上，回到营地后诸葛亮让人清点箭支，正好十万支。

楚河　汉界

楚河汉界这个典故后来还被应用在中国象棋的棋盘上。

楚河汉界——一清二楚

　　楚汉相争初期，项羽实力远比刘邦强大，为了争取发展的时间，刘邦派遣能说会道的侯公前往项羽军中讲和。

　　侯公见到项羽后凭借自己的三寸不烂之舌，把项羽吹捧了一番。项羽听后很高兴，让人和侯公议论两国的边界，于是双方约定以鸿沟为界，西边归汉，东边归楚。

　　刘邦，秦朝泗水亭亭长，后来参加起义军，平定天下，成为汉高祖。

飞蛾扑火——无怨无悔

到溉是南北朝时期的大学问家，他的孙子到荩也十分聪慧。

一次，梁武帝在北固楼宴会上让群臣作诗，到荩作的诗也受到梁武帝的表扬，梁武帝接着写了一首诗给到溉，诗的意思是：人们决定做某件事就要无怨无悔地做下去，就好似飞蛾扑火一般，如今你已年老，不如把精力放在培养孙子上，让他能够早日成材。

到溉也是一位文学家，他生前写下很多文章，有文集二十卷流传于世。

梁武帝是萧何的二十五世孙，他才思敏捷，对南朝的文学发展有很大的影响。

7

吕洞宾后来成为传说中的"八仙"之一。

"狗咬吕洞宾"的另一个说法是，吕洞宾好心帮助哮天犬，结果却被咬了。

狗咬吕洞宾—— 不识好人心

吕洞宾有一位好友叫苟杳，二人情同手足，吕洞宾常常接济苟杳。苟杳成婚时，吕洞宾要求前三天由他来陪伴新娘，苟杳十分生气，但想到吕洞宾有恩于自己只能答应。

三天后，苟杳才知道吕洞宾是为了让自己能够认真读书才假意为之，于是更加努力。

后来苟杳成为大官，吕洞宾却家道中落，苟杳也时常接济吕洞宾。

关羽为人忠肝义胆，被后世称为武圣。

关云长单刀赴会——有胆有魄

刘备曾向孙权"借"荆州作为立足之地，后来实力壮大却没有归还之意，于是孙权的重臣鲁肃邀请驻守荆州的大将关羽赴宴会，试图胁迫他交出荆州。

关羽不顾众人劝说，自己单刀赴会，在宴会上他与鲁肃唇枪舌剑，互不相让，最后关羽装醉拉着鲁肃的手走到江边，跳上接应的船扬长而去，鲁肃等人只好眼睁睁看着他离开。

汉高祖斩白蛇——一刀两断

秦朝末年，刘邦是秦朝的地方官员，一次，他奉命押送劳役去郦山，但是很多劳役在路上逃跑了，刘邦估计等到了郦山劳役们也跑光了，于是便把他们都放了。劳役中有十几个小伙子愿意继续跟随他。

刘邦带着十几人经过沼泽，发现有一条大白蛇横在路中，旁人都不敢接近，刘邦却说："我们都是将来要干大事的人，怎么能畏缩呢？"于是冲上去将白蛇砍成两段，众人都对刘邦的胆识十分敬佩。

一刀两断也比喻坚决断绝关系。

刘邦斩白蛇的剑是汉朝的传世宝物，民间传说称其为"赤霄剑"。

刘邦起义之后，成功推翻秦王朝，建立西汉王朝，被后世称作汉高祖。

13

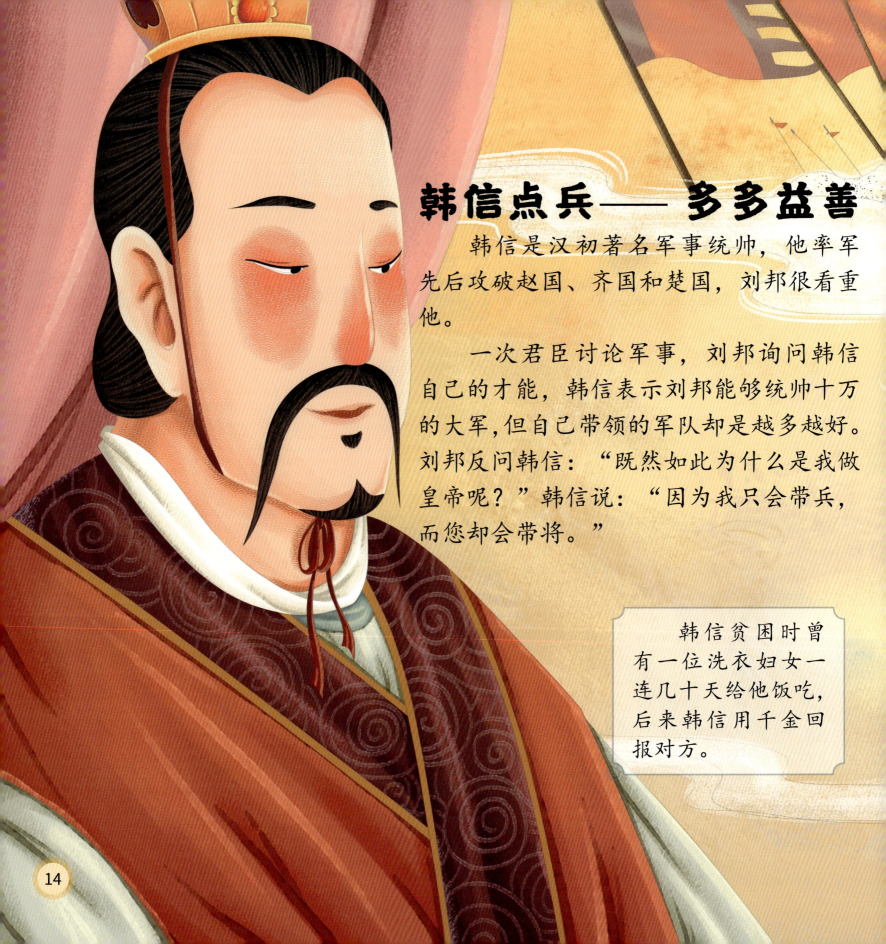

韩信点兵——多多益善

韩信是汉初著名军事统帅，他率军先后攻破赵国、齐国和楚国，刘邦很看重他。

一次君臣讨论军事，刘邦询问韩信自己的才能，韩信表示刘邦能够统帅十万的大军，但自己带领的军队却是越多越好。刘邦反问韩信："既然如此为什么是我做皇帝呢？"韩信说："因为我只会带兵，而您却会带将。"

韩信贫困时曾有一位洗衣妇女一连几十天给他饭吃，后来韩信用千金回报对方。

韩信曾在井陉之战中背水列阵，大破强敌，被后世无数军事家推崇。

战国时，楚宣王听说诸侯都害怕他的宰相。有大臣告诉他，宰相只是狐假虎威，诸侯怕的是大王您！

16

狐狸引着老虎走——狐假虎威

老虎是百兽之王，可狐狸却不怕他。

一天，老虎抓住狐狸，正要吃它，狐狸却大喊道："我是天神派来的使者，不信你跟我去看看。"老虎听完愣住了，跟在狐狸后面四处游荡。

动物们一见到狐狸身后的老虎，便全都逃得不见踪影。老虎以为大家都很害怕狐狸，从此便对狐狸客客气气的。

黄忠射箭——百发百中

三国时期，刘备的大将关羽奉命进攻长沙。长沙有一员老将名叫黄忠，他拍马与关羽交战，结果战斗中黄忠战马受惊，将他摔下马。关羽不愿乘人之危，便放过黄忠。长沙太守韩玄让黄忠放箭射杀关羽，可黄忠不愿忘恩负义，于是一箭射中关羽的盔缨，震惊四座！后来黄忠成为刘备的五虎上将之一。

关羽也是刘备麾下五虎上将之一，后来成为中国民间"忠义"的化身。

姜太公钓鱼——愿者上钩

　　传说，在商朝末年，有一个叫姜子牙的老者整日在渭水河边垂钓。姜子牙钓鱼与别人不同，他不用弯钩，只用直钩，而且不放鱼饵，鱼钩垂在水面之上，口中常说："愿者，上钩来。"旁人都很笑话姜子牙。后来，西伯侯姬昌来到河畔，与姜子牙交谈后，发现他有着经天纬地的才华，当即任命姜子牙为国师！

西伯侯姬昌就是周文王，他是周朝的奠基人，他的儿子周武王姬发建立周朝。

姬昌遇见姜子牙前，梦见了一头飞熊，而姜子牙的道号正好是飞熊。

唐朝孟郊的《读经》中也有"垂老抱佛脚"一句，意思是年老才信佛，渴求被保佑。

传说，北宋宰相王安石与人对对联时也引用过"临时抱佛脚"这句话。

22

临时抱佛脚——来不及

据说，古时候，我国云南边境有一个小国，那个国家佛教盛行。一天，有个年轻人犯了事，被官差追捕，他一路逃到寺庙中，拼命抱着大佛像的脚，喃喃自语，忏悔自已的罪过。官差抵达后，见他诚心悔过，便让他入寺当了和尚。后来，当地就流传起了一句话："平时不烧香，临时抱佛脚。"

23

孔子拜师——不耻下问

春秋时，有一位大思想家孔子，他有一次参加鲁国的祭祖典礼，进入太庙后，便向别人询问典礼的相关习惯，问得非常认真。有人嘲笑他，说他什么都要靠问。孔子回答："自己不明白的事，就向别人请教，正是我知礼的表现。如果把请教看作是可耻的事情，那我永远都不会懂礼。"

韩愈在《师说》中曾说："弟子不必不如师，师不必贤于弟子。"

师说

孔子是中国古代儒家思想的创始人，被后世誉为"圣人"。

诸葛亮第一次北伐时错用了马谡，导致街亭丢失，因此功败垂成。

孔明大摆空城计——化险为夷

三国时期，蜀汉丞相诸葛亮率兵北伐，军队失利后便开始撤退，诸葛亮亲自在西县监督运粮。这时，魏国将军司马懿突然带着十五万大军兵临城下，诸葛亮身边只有五千人，无法抵挡，他急中生智，下令打开城门，自己亲自在城头弹琴。司马懿见状，怀疑城内有埋伏，便赶紧撤军了。

诸葛亮摆空城计的故事出自《三国演义》和民间传说，正史上没有记载。

三國演義

卢沟桥现位于北京市丰台区永定河，1937年7月7日，中国抗日军队在这里打响全面抗战的第一枪。

史料记载，卢沟桥上的石狮子最早有627只，后因历代的损坏，现存501只。

卢沟桥的狮子——数不清

卢沟桥上有许许多多的石狮子。传说，曾经有个县令让人数这些石狮子一共有多少个，可每个人数完之后，数字都不一样。县令很生气，决定亲自来数，结果每次数下来，数字也不一样。一天晚上，县令再次上桥，只见石狮子们全都活了，来回走动。县令见状大喊："原来你们都是活的！"石狮子们见状，又都一动不动了。

刘备三顾茅庐——尽找明白人

东汉末年，刘备想要给自己寻找一位军师，他听说卧龙岗上有位卧龙先生才智超群，于是亲自带着关羽、张飞前去拜访，结果第一次去时，卧龙先生不在家；第二次去时，卧龙先生又不在家；第三次去时，才终于见到卧龙先生。卧龙先生本名诸葛亮，他后来辅佐刘备创立蜀汉基业。

诸葛亮与刘备在隆中的对话被后世称作"隆中对"。

刘备得到诸葛亮后，对别人说："我有了他，如同鱼有了水"。

王允在利用吕布除掉董卓之后，联合吕布执政，后来董卓的残党攻破长安，王允兵败。

32

吕布杀死董卓后，被董卓的部下击败，后来流亡中原，被曹操所杀。

吕布戏貂蝉——上了别人的当

东汉末年，军阀董卓挟持皇帝，残暴不仁。董卓手下有个义子叫吕布，勇猛无比。司徒王允为了铲除董卓，决定使用美人计，他先将婢女貂蝉许给吕布，然后又把貂蝉献给董卓，并假装不知情。吕布无法忘掉貂蝉，来到董卓府上与她私会，结果被董卓撞见。后来，吕董二人反目，吕布杀死董卓，完成了王允的计划。

故事出自《封神演义》，民间还有许多关于哪吒的祭礼和信仰。

封神演义

哪吒出世——怪胎

商朝末年，陈塘关总兵李靖的夫人怀孕三年零六个月才终于生产。李靖急不可待地跑来观看，结果发现自己夫人生下的竟然是个肉球。李靖以为这是妖孽，拔出剑来砍向肉球，结果肉球一分为二，里面蹦出一个小男孩。李靖给男孩取名哪吒。后来哪吒辅佐周武王灭商有功，成为天上的神仙。

在民间传说中，李靖后来也成为神仙，被称作"托塔天王"。

这句歇后语常被人当作回绝他人的理由。

泥菩萨本指用泥塑成的菩萨或神像，遇到水后就会破损。

泥菩萨过河——自身难保

传说，有一座庙里供着一尊泥菩萨。一天晚上，泥菩萨听见庙外有人呼救，一看，发现有人落水了。泥菩萨不顾危险就要跑过去救人。庙里的土地拦住他说："你是泥菩萨，一遇水就会化掉的。"泥菩萨不听，执意救人，结果他刚一跳进水里，就化作一团黄泥。

在诗词中还有与牛郎织女的故事相关的词牌名——鹊桥仙，其中代表作有秦观的《鹊桥仙·纤云弄巧》，范成大的《鹊桥仙·七夕》等。

牛郎会织女——后会有期

传说，有一个叫牛郎的少年和天上的织女相爱，并育有一儿一女。不久，两人的感情被天神发现，王母娘娘十分生气，划出一道银河将两人隔开。可后来，两人的感情逐渐打动上天，王母娘娘感到心软，便允许他们每年见一次面。从此，每年的七月七日，无数的喜鹊会搭成一座鹊桥，牛郎和织女就会在鹊桥上相会。

由于这个故事，每年的农历七月初七便成了七夕节，相当于中国的情人节。

骑驴看唱本——走着瞧

　　从前有两个人，一个叫张三，一个叫李四，两人关系很差。一次，李四坐车去城里卖粮，张三则骑着驴跟在李四后面看唱本。张三提醒李四，他的粮袋漏了，李四明明知道，但因为不肯领张三人情，因此硬是装作没看见。两人就这样一前一后来到城门外，李四的一袋粮食漏空，马车失去平衡，翻车了。张三继续盯着唱本，优哉游哉地进城了。

> 这句话的意思是，让事情继续发展下去，看看最后会变成什么样。

古时用"千里马"来称呼善于奔跑的骏马，这种马可以日行千里。现在常用来比喻人才。

塞翁失马——因祸得福

　　古时候，塞外有一位老翁，他家的马走失了，大家劝他别伤心，可塞翁却说："这未必不是好事。"后来，塞翁的马回来了，还带回一匹千里马。大家都去祝贺，可塞翁说："这未必不是坏事。"塞翁的儿子骑着千里马，因一次意外把腿摔断了。后来朝廷征兵，参军的人十有八九都战死了，唯独塞翁的儿子因为断腿而没有被征召，反而保全了性命。

　　这句歇后语还有另一个版本：塞翁失马——焉知非福。

43

杀鸡用牛刀——小题大做

　　孔子有一名弟子叫子游，他被任命为武城县的县官。一次，孔子来到武城县，子游带着他参观并介绍这里的礼乐。孔子说："治理这么小的地方，也需要用礼乐吗？如同去杀鸡的时候，用不上杀牛的刀啊。"子游却认为：哪怕是治理小地方，也需要教导礼乐。孔子听后，十分赞赏子游的观点。

在古代，音乐与礼仪是不可分割的。在宴会、祭祀、庆典中都需要奏乐，不同的音乐对应不同的场合，有着详细的规定。

子游又名言偃，是"孔门七十二贤"人之一，被称为"南方夫子"。

南 方 夫 子

在明代小说《北宋志传》中记述了佘太君挂帅，率十二女将出征西夏的故事。她们是中国文学中典型的巾帼英雄。

佘太君和杨门女将的故事出自民间传说和戏本，佘太君的历史原型是折太君。

佘太君挂帅——马到成功

佘太君是北宋名将杨继业的夫人，她的几个儿子全是北宋忠良，先后战死沙场，以至于偌大的杨家只剩下一群女人。后来，西夏入侵北宋，北宋朝堂上没有良将对敌，于是佘太君请命挂帅，带着女将上了战场。西夏大军轻敌，被杨家女将击败，佘太君立下大功后凯旋。

苏东坡遇到了王安石
——强中自有强中手

北宋有一位大文豪叫苏东坡，有一次，他看到当朝宰相王安石的诗句，上面形容菊花在秋季被吹落满地的场景，感觉不合情理。王安石知道后，就将苏东坡派去黄州做官，在那里，苏东坡见到菊花在秋季散落满地的场景，这才认识到自己见识短浅。后来，苏东坡向王安石认错，从此再也不敢目中无人了。

王安石是北宋著名政治家，曾主导过著名的王安石变法。

苏东坡本名苏轼，号东坡居士，因此民间常称他为苏东坡。

孙悟空七十二变——神通广大

　　孙悟空起初只是一群猴子的王，他没有名字，也没有后来的一身本领。孙悟空为了寻求长生不老之术而前往海外寻找神仙，最后拜入灵台方寸山，成为菩提祖师的弟子。菩提祖师给他取名孙悟空，教会他筋斗云和七十二变。后来，孙悟空下山，凭借一身本领威震天下，成为大名鼎鼎的齐天大圣。

在《西游记》的最后，经历过九九八十一难的孙悟空被封为斗战胜佛。斗战胜佛是佛教中著名的"三十五佛"之一。

菩提祖师曾说，以孙悟空的个性一定会惹祸，让他在外面不许称是自己的徒弟。

51

亡羊补牢——为时不晚

战国时，楚顷襄王信任奸臣，使国家陷入内忧外患之中。一个叫庄辛的人直言进谏，反而被楚王怒斥。后来，秦国发兵攻打楚国，楚军大败，楚王狼狈出逃，连国都都丢了。这时，楚王向庄辛忏悔，问他该怎么办。庄辛告诉他："亡羊补牢，为时不晚。"意思是，羊虽然丢了，但只要及时补好羊圈，那就还来得及。

楚顷襄王虽然痛改前非，但依然阻止不了楚国的衰落，最终楚国还是灭亡了。

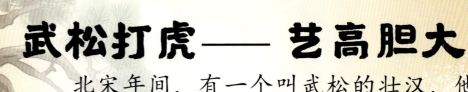

武松打虎——艺高胆大

北宋年间，有一个叫武松的壮汉，他有一次路过景阳冈，在冈前的酒馆内喝了十八碗酒，然后连夜赶路。走到一处，武松酒劲上来，便躺在一块青石上睡了起来，没想到这时一只老虎窜出来，要吃武松。武松大惊，举起手中的棍子便与老虎搏斗，很快，棍子断成两截，武松便骑在老虎身上用拳头击打，最后竟活生生将老虎打死了。

武松是《水浒传》中一百单八将之一，排行十四。小说中他在被朝廷招安后随宋江征讨方腊，征战中痛失左臂，后来出家为僧，病逝于寺中。

《水浒传》的作者施耐庵是元末明初人，曾经做过军阀张士诚的幕僚。

　　伍子胥来到吴国后，辅佐吴王阖闾攻破楚国都城，成功报仇雪恨。

　　伍子胥曾多次劝谏吴王夫差除掉越王勾践，但因夫差听信谗言反而将他赐死。伍子胥死后九年吴国被越国所灭。

伍子胥过昭关——一夜愁白了头

　　春秋时，楚平王杀死大忠臣伍奢和他的儿子伍尚，伍奢的另一个儿子伍子胥逃往吴国，在路过昭关时，发现前方有楚军把守，盘问过路人，内心十分焦急。一夜过后，他满头的乌发变得花白，看着如同老头儿一般。伍子胥乘机化装，竟然成功混过关卡。

"斗鸡"是古代常见的一种娱乐活动，人们会驯养攻击性强的公鸡，让它们互相争斗来取悦观众。

这个故事的意思是，人各有所长，要懂得发挥自己的优势战胜敌人。

蟋蟀斗公鸡——各有一技之长

传说，蟋蟀大王有一次回家，发现自己的王国被一只大公鸡给破坏了。愤怒的蟋蟀大王召集同胞们一块儿去报仇。蟋蟀们兵分多路，各自叫嚷着公鸡的坏话，大公鸡四处追赶，每次快追到时，这个地方的蟋蟀就藏起来，然后另一个方向的蟋蟀又出来引诱。大公鸡四处追赶，累得筋疲力尽，最后被蟋蟀们制服了。

古时，"斗蟋蟀"是一种广为流行的游戏，甚至连皇帝都十分喜欢。在考古研究中曾发现过绘有五爪金龙的蟋蟀罐，是皇帝御用的斗蟋蟀道具。

这个故事告诉人们，想要了解事情，必须得知道事情的全貌，不能只凭部分内容就下决断。

这个故事出自这部《大般涅槃经》是佛教的经典著作。

瞎子摸象——各说各有理

　　很久以前，有几个盲人在路边听别人说前方有一头大象，盲人们想知道大象长什么样子，便上前摸索。有人摸到大象的耳朵，就说大象像蒲扇。有人摸到大象的鼻子，就说大象像水管。还有人摸到大象的腿，就说大象像柱子。他们每个人都摸到大象的一部分，却没有人真正知道大象的全貌。

蒋琬是蜀汉政权的第二任丞相，才能卓越，被后世称为"蜀汉四相"之一。

宰相肚里能撑船——度量大

三国时期，诸葛亮担任蜀国丞相，把国家治理得井井有条。诸葛亮死后，蒋琬接替丞相的职责，依旧尽职尽责地做事，但有人却认为还不够。一个叫杨敏的官员经常对别人说："蒋琬当丞相，不如诸葛亮。"这句话后来传到蒋琬耳中，蒋琬并不生气，而是说："我的确不如诸葛丞相啊。"后来，人们都夸赞蒋琬，说他"宰相肚里能撑船"。

蒋琬之后，担任丞相的是费祎，他同样治国有方，是"蜀汉四相"之一。

东施效颦——愚蠢可笑

　　春秋时，有一个丑女叫作东施，而同村的西施则是一个大美女。

　　一天西施生病了，捂着胸口经过东施家门口，东施看见人们纷纷对生病的西施嘘寒问暖，于是也装作西施的模样在村里走来走去，村里的人只觉得东施的模样十分愚蠢可笑。